ALS DER NIKOLAUS KAM

Für Carola
von Mama und Papa

6. Dezember 2000

In den Vorweihnachtstagen des Jahres 1822
schrieb **Clement Clarke Moore,**
Professor an der Columbia-Universität von New York,
zum Entzücken seiner sechs Kinder
A Visit from St. Nicholas. Das Gedicht eroberte
in Windeseile die Herzen aller amerikanischen Kinder.
Sein Verfasser blieb lange unbekannt,
wollte wohl auch nicht genannt werden.
1947 veröffentlichte **Erich Kästner**
die deutsche Übersetzung.

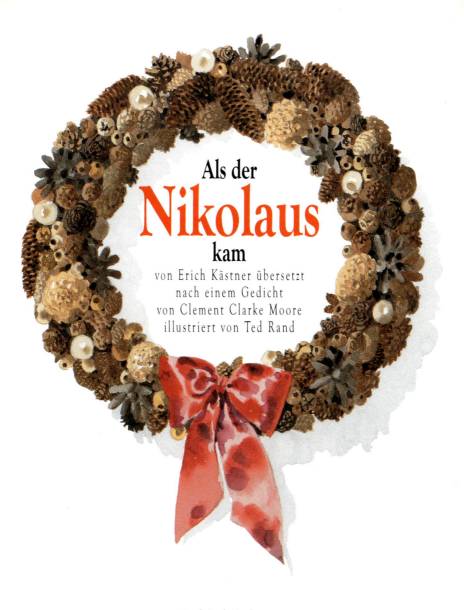

Als der Nikolaus kam

von Erich Kästner übersetzt
nach einem Gedicht
von Clement Clarke Moore
illustriert von Ted Rand

Nord·Süd Verlag

In der Nacht vor dem Christfest, da regte im Haus sich niemand und nichts, nicht mal eine Maus. Die Strümpfe, die hingen paarweis am Kamin und warteten drauf, dass Sankt Niklas erschien.

Die Kinder lagen gekuschelt im Bett
und träumten vom Äpfel- und Nüsseballett.
Die Mutter schlief tief, und auch ich schlief brav,
wie die Murmeltiere im Winterschlaf…

...als draußen vorm Hause ein Lärm losbrach,
dass ich aufsprang und dachte: Siehst rasch einmal nach!
Ich rannte zum Fenster, und fast noch im Lauf
stieß ich die knarrenden Läden auf.

Es hatte geschneit, und der Mondschein lag
so silbern auf allem, als sei's heller Tag.
Acht winzige Rentierchen kamen gerannt,
vor einen ganz, ganz kleinen Schlitten gespannt!
Auf dem Bock saß ein Kutscher, so alt und so klein,
dass ich wusste, das kann nur der Nikolaus sein!

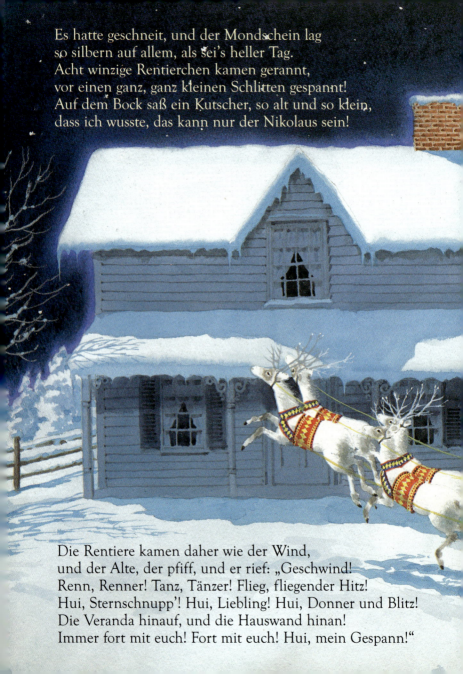

Die Rentiere kamen daher wie der Wind,
und der Alte, der pfiff, und er rief: „Geschwind!
Renn, Renner! Tanz, Tänzer! Flieg, fliegender Hitz!
Hui, Sternschnupp'! Hui, Liebling! Hui, Donner und Blitz!
Die Veranda hinauf, und die Hauswand hinan!
Immer fort mit euch! Fort mit euch! Hui, mein Gespann!"

Wie das Laub, das der Herbststurm die Straßen lang fegt
und, steht was im Weg, in den Himmel hoch trägt,
so trug es den Schlitten auf unser Haus
samt dem Spielzeug und samt dem Sankt Nikolaus!

Kaum war das geschehen, vernahm ich schon schwach
das Stampfen der zierlichen Hufe vom Dach.
Dann wollt' ich die Fensterläden zuziehn,
da plumpste der Nikolaus in den Kamin!

Sein Rock war aus Pelzwerk, vom Kopf bis zum Fuß.
Jetzt klebte er freilich voll Asche und Ruß.
Sein Bündel trug Nikolaus huckepack,
so wie die Hausierer bei uns ihren Sack.

Zwei Grübchen, wie lustig! Wie blitzte sein Blick!
Die Bäckchen zartrosa, die Nas' rot und dick!
Der Bart war schneeweiß, und der drollige Mund
sah aus wie gemalt, so klein und halbrund.
Im Munde, da qualmte ein Pfeifenkopf,
und der Rauch, der umwand wie ein Kranz seinen Schopf.
Ich lachte hell, wie er so vor mir stand,
ein rundlicher Zwerg aus dem Elfenland.
Er schaute mich an und schnitt ein Gesicht,
als wollte er sagen: „Nun, fürchte dich nicht!"

In den Schlitten sprang er und pfiff dem Gespann,
da flogen sie schon über Tal und Tann.
Doch ich hört' ihn noch rufen, von fern klang es sacht:

„Frohe Weihnachten allen, und allen gut' Nacht!"

Für Sina und Luke

Lektorat Brigitte Hanhart Sidjanski

© 1962 Erich Kästner Erben, München. Quelle: „Das Schwein beim Frisör", Atrium-Verlag, Zürich
© 1995 Illustration Ted Rand. © 1995 der englischen Originalausgabe unter dem Titel
»The Night before Christmas«, North-South Books, New York. © 1997 für die deutsche Ausgabe
Nord-Süd Verlag, Gossau Zürich und Hamburg. © 2000 für diese Sonderausgabe
Nord-Süd Verlag AG, Gossau Zürich und Hamburg
Alle Rechte, auch die der Bearbeitung oder auszugsweisen Vervielfältigung,
gleich durch welche Medien, vorbehalten. Gesetzt in der Goudy Old Style, 12 Punkt.
Druck: Editoriale Bortolazzi-Stei s.r.l., San Giovanni Lupatoto, Italien
ISBN 3 314 01114 8